AF500271

QUESTIONS

POLITIQUES

PAR

M. Ev. COLOMBEL

Avocat, Maire de Nantes, Membre du Conseil Général du département de la Loire-Inférieure.

Extraits du Courrier de Nantes
Des 17, 24, 30 mai, 4, 12 juin et 2 juillet 1849.

NANTES
IMPRIMERIE WILLIAM BUSSEUIL
RUE SANTEUIL, N° 8.

Juillet 1849.

QUESTIONS POLITIQUES.

Ire

On se demande avec anxiété pourquoi ils ont exclu M. Lanjuinais.

On peut se le demander, en effet : rien ne manquait à cet honorable représentant, — ni les souvenirs de famille, — ni les services personnels, — ni le dévouement, — ni l'intelligence, — ni quelques bienfaits cachés, — ni la bonnevolonté... rien !

Que lui manquait-il donc ?

Il lui a manqué d'avoir abjuré ses convictions politiques ; il a voulu être respecté dans les mouvements de sa conscience, et ils ont brisé son mandat. Voilà le pourquoi ; il n'y en a pas d'autre, il ne peut pas y en avoir d'autre.

Il s'est rencontré un homme ferme et indépendant, et on a dit aux masses aveugles de le proscrire. — Il a été proscrit. — L'instrument des influences a été docile ; il a obéi. Il était aussi facile de conserver le nom connu, honoré et aimé de Lanjuinais, — qu'il était difficile de faire surgir le nom inconnu de Chauvin. Ce qui était facile et honorable n'a pas été fait ; ce qui semblait difficile et ce qui est absurde a été consommé.

Mettons d'abord la personne de côté. M. Lanjuinais, distancé par des hommes de la force de MM. Gicquiau et Chauvin, se retire avec notre estime. Il le sait, cela lui suffit. Il écrivait naguère à l'un de nos amis qu'il voyait sans regret le mandat parlementaire s'éloigner de lui, parce que là tempête approchait. Il n'aurait pourtant pas failli à son devoir. On l'en a dispensé.

Mais il y a dans cette proscription d'une honorable individualité des enseignements à recueillir.

Nous partageons l'opinion du représentant déchu, auquel les gros bataillons ont manqué : de graves complications approchent ; elles sont d'autant plus graves que des désunions nouvelles viennent de surgir. Seulement le pays n'oubliera pas, dans notre département, de quel côté l'exclusion est arrivée. Si des malheurs en résultent, tant pis pour ceux qui ont voulu jouer cette grosse partie.

Si M. Lanjuinais exclu, c'était simplement l'exclusion de M. Lanjuinais, eh! mon Dieu, on gémirait d'une ingratitude, on déplorerait une erreur, et tout serait dit. Mais, sous la proscription si éclatante d'un nom, se cache tout un système : il s'agit de protester contre 89 et contre ses conquêtes, contre 1830 et ses légitimes conséquences. Voilà l'idée, voilà le système ; il importe qu'on ne s'y trompe pas : Lanjuinais exclu dit tout cela. Son exclusion est un commencement : Dieu nous garde de la fin.

Ce n'est pas la première fois que le parti rétrograde proteste contre 89 : c'est là, pour lui, une coutume héréditaire. Tour à tour, à titre de protestation, il a fait l'émigration, puis la Vendée, puis les conspirations de la rue de Clichy, puis Pichegru, puis la rue Saint-Nicaise, puis les trahisons du consulat et de l'empire ; enfin, il a fait 1815 et 1832. De nos jours, la même idée subsiste et persévère ; seulement, à défaut des armes de la guerre ou des manœuvres secrètes, le parti rétrograde abuse du suffrage universel : Coblentz s'établit dans nos campagnes, et l'urne du scrutin devient la machine infernale. Dans les plus petits détails, cette protestation se manifeste. On se rappellera longtemps que l'*Hermine*, dans sa polémique, n'a eu que des paroles de mépris et de haine pour les hommes qui ont loyalement servi leur pays, pendant ce qu'on appelle le règne de la corruption.

Ce que cet abus du suffrage universel peut jeter de complication dans notre société, l'avenir nous le dira. Mais, dès aujourd'hui, nous pouvons tracer la ligne de conduite de ce parti constitutionnel qu'on raille, parce qu'il est en minorité, comme si ce n'était pas l'avantage des sots d'être toujours de la majorité.

Les questions se pressent, quand on envisage la situation dans ses profondeurs. Tour à tour, nous les poserons : le bon sens public les résoudra.

IIe

Dans notre département, les listes du suffrage universel viennent dans cet ordre :

Liste légitimiste, 11 noms ;

Liste constitutionnelle, 11 noms ;

Liste socialiste, 11 noms.

Ces chiffres disent assez qu'il existe un parti constitutionnel : il tient le milieu entre deux extrêmes.

En peut-il être autrement, au point de vue de son existence?

L'assemblée nationale a voté une constitution. Cette constitution est loi de l'Etat, au même titre que toutes les autres lois du pays. Il y a un parti qui ne veut pas de cette constitution et qui a singulièrement reproché au clergé d'avoir prêté les pompes de l'Eglise à la promulgation du nouveau pacte social. Un autre parti existe, qui veut plus que la constitution et qui ne la trouve pas assez radicale.

Entre ces deux partis, il y en a un troisième qui a pris pour devise : *Respect à la constitution*, et qui croit qu'il y a dans l'application sincère de cette loi suprême la possibilité d'un bon gouvernement.

Comment nommera-t-on ce parti, si ce n'est parti constitutionnel? Disons, en peu de mots, d'où vient ce parti, — ce qu'il a fait, — et en quoi il touche aux partis adverses.

Le parti constitutionnel, pour se former, a puisé à toutes les sources : c'est là sa gloire, c'est là sa force. En cherchant bien les individualités, on trouverait que le parti constitutionnel a pris aux vieilles fractions du pays ses éléments les plus purs et les moins reprochables, comme intelligence, comme probité et comme dévouement. Ces provenances, disons-nous, sont l'énergie du parti constitutionnel, car elles sont un gage de son impartialité. Des abdications réciproques ont concouru à cette formation : quoi de plus sincère et partant de plus sûr ?

Si nous voulions aborder le chapitre des faits contemporains, nous dirions en signalant et en saluant le parti constitutionnel :

C'est lui, qui, sans avoir souhaité la catastrophe du 24 février, en a loyalement accepté les conséquences, — sans enthousiasme, car il est ridicule de s'enthousiasmer pour une forme ou pour un fait; mais sans arrière-pensée, car il est honteux de feindre des sentiments qu'on n'éprouve pas ;

C'est lui, qui, sous le nom de Lamartine, a repoussé le délire du communisme et abattu le drapeau du Champ-de-Mars ;

C'est lui, qui, avec Arago, avec Marie, avec Bethmont, avec Carnot, avec Crémieux, a contenu les éléments stupidement destructeurs du gouvernement provisoire ;

C'est lui, qui, repoussant les tentatives d'une commune révolutionnaire, trop fidèle imitatrice des soulèvements de 93, a hâté les élections et convoqué la France à user de ses droits ;

En mai 1848, c'est le parti constitutionnel qu'on voulait expulser et qui résistait courageusement ;

C'est lui encore, qui resistait en juin, en se personnifiant dans le général Cavaignac ;

C'est le parti constitutionnel qui applaudissait à l'entrée aux affaires de Dufaure et de Vivien, parce que la république n'est pas le patrimoine des conspirateurs de la veille, maladroits administrateurs du lendemain ;

C'est le parti constitutionnel qui appelait à la présidence le général Cavaignac, tout en disant qu'il serait le premier à saluer l'élu du peuple et à courber la tête devant l'expression de la volonté nationale ;

Enfin, c'est le parti constitutionnel qui, partout et toujours, a cherché et attendu la conciliation.

Quand un parti a de semblables titres, il n'abdique pas : son passé répond de son avenir.

L'avenir lui appartient par deux motifs.

D'abord, le parti constitutionnel entend couper court aux discussions purement politiques, stériles débats dans lesquels la France s'épuise depuis si longtemps ! Nous avons la forme républicaine, acceptons-là. Répudions tout retour vers le passé, quel que soit le nom de ce passé, 93 ou 1815, terreur rouge ou terreur blanche, loi des suspects ou loi des catégories, Fouché ou Cardaillac !

Mais une forme politique, indifférente en soi, n'est bonne ou mauvaise qu'en raison des résultats qu'on en obtient. Le parti constitutionnel veut autre chose qu'un vêtement politique, si ce vêtement devait couvrir les mêmes misères : à coup sûr, ce n'est pas pour avoir la seconde liste du jury ou l'adjonction des capacités, que l'oppposition parlementaire, Odilon Barrot en tête, demandait, en 1848, la réforme. Derrière la modification désirée d'une loi électorale, il y avait un progrès social.

Aujourd'hui que nous avons eu plus que cette réforme si aveuglément refusée, et qu'une révolution est *venue* inaugurer un régime inattendu, les hommes d'intelligence doivent comprendre que la conquête de la forme ne doit pas faire oublier le but.

Double programme donc pour le parti qui se dit constitutionnel : il est républicain, ami de la constitution, et, avec cela, il doit être progressif.

En quoi cette position le sépare-t-elle des vieux partis ? en quoi le met-elle en relation avec les démocrates ? — voilà ce que nous examinerons plus tard.

IIIe

Nous nous proposions d'examiner en quoi le parti républicain constitutionnel touchait aux vieux partis et en quoi il en différait ; — de même que notre projet était de dire ce qu'il peut y avoir de commun entre la réalisation sage et progressive de la constitution et les utopies de ces derniers temps, utopies dont tout le monde a abusé, les uns par l'épouvante, les autres par l'ivresse des chimères.

Un dilemme qui paraît devenir à la mode et dont on abuse beaucoup aussi, nous permet d'aborder les mêmes questions sous une autre orme.

Ouvrez certains journaux exaltés, grands et petits, parisiens et provinciaux : pour peu qu'on suive leur polémique étrange, si éloignée du vrai dans les choses comme dans les hommes, on y verra ce qui suit :

« Il n'y a plus de milieu : le parti constitutionnel, mais c'est un « rêve ! Il n'y a plus que deux partis, rouge et blanc ; il n'y a que » deux camps, celui des attardés de la civilisation, et celui des » enfants perdus. »

Nous reconnaissons bien là l'exclusivisme des factions ardentes ; nous retrouvons là cette logique à vue courte qui est plus apparente que réelle. Ce système, vraiment, s'il n'était un mensonge, serait une naïveté.

Grâce au ciel, nous n'en sommes pas là ; nous ne sommes pas réduits à de si dures extrémités que d'être obligés d'accepter l'un ou l'autre drapeau : l'un traîné dans la poussière du Champ-de-Mars, l'autre traîné dans les ornières de la vieille chouannerie. Si grandes que soient les exagérations, si décevantes que soient les ivresses d'une époque, il y a toujours une place indépendante pour l'homme de bien qui aime son pays. En 93, les Lanjuinais et les Boissy-d'Anglas n'étaient pas plus à Coblentz que dans le club des Jacobins. Ils surent trouver leur poste entre les armées de l'émigration, les soulèvements de la Vendée et les excès d'une commune insurgée. Fût-ce l'échafaud, il y a toujours place entre la trahison et l'anarchie.

Nous sommes, en vérité, bien jeunes en histoire, et nos faiseurs de dilemmes ignorent donc que ce n'est pas la première fois qu'en France on essaie de poser de semblables arguments? Il est vrai qu'on préfère s'inspirer des souvenirs d'un autre prétendant et parler des vieux clans de la Bretagne.

Nous avons eu le XVIe siècle, fécond en réformes et digne par ses bouleversements, mais aussi ses progrès, d'être comparé au nôtre.

A cette époque tourmentée, il y avait, d'un côté, les fauteurs du massacre de la Saint-Barthélemy, gens très-convaincus, terroristes d'un autre âge ; d'autre part, il y avait les sombres et sérieux disciples de Calvin. Chaque parti surexcitait l'autre ; c'est la coutume. On s'enivrait de haines et de calomnies, tout comme chez nous. Dans leur délire, les Calvinistes songeaient à Elisabeth ; dans leurs coupables pensées, les ligueurs songeaient au roi d'Espagne, au roi de toutes les Espagnes ; c'était l'autocrate du temps, et Condé n'avait pas encore battu les Cosaques du Mançanarès. On demanda à un grand parti, personnifié dans un grand citoyen, le chancelier de Lhôpital, de se prononcer.

On lui posait le dilemme :

Inquisiteur ou huguenot...

Je resterai honnête homme, répondit le chancelier ; et avec lui, derrière lui, il y avait le parti des politiques, qui amena le retour du Béarnais, la pacification de la France, et avec elle le commencement de la grande politique de nos rois.

Au moment de la mêlée, quand les partis allaient s'égorger sous le souffle envenimé des passions politiques et religieuses, qu'était Lhôpital ?... qu'était son parti ?... Une minorité qu'on raillait. Avis au parti constitutionnel.

Oui, il y aura toujours une place, et une place d'honneur, pour ceux qui crieront : *Vive la France !* quand deux partis sont parmi nous, qui crient : Vive Bourgogne ! vive d'Armagnac !

Que le parti constitutionnel résiste donc, qu'il se fortifie ! Il a tous les avantages des autres partis, sans en avoir les inconvénients.

C'est ce qu'il nous sera facile de démontrer, en prouvant que le parti constitutionnel ne sera jamais blanc ou rouge.

IV

Depuis plus d'un demi-siècle, la société française est en proie à un antagonisme fatal : les forces du pays s'épuisent dans une lutte vaine, d'autant plus stérile qu'elle est plus acharnée. C'est là la cause pour laquelle la France, si bien lancée sur la route du progrès, n'a pas vu s'accomplir les réformes qui n'étaient que les conséquences de l'idée de 1789.

Cet antagonisme se résume en deux mots : — *résistance*, — *révolution*. Déplorables mots d'ordre, que les partis ont tour à tour acceptés et suivis, dont l'un répond à l'immobilisme du passé, dont l'autre représente les impatiences de l'avenir. C'est dans ce cercle néfaste que nous agitons notre impuissance.

Résister, c'est encore le cri de certains esprits ; — révolutionner, c'est le thême du parti démagogique.

L'esprit de résistance appelle la révolution ; et, à son tour, l'esprit révolutionnaire fait naître, par ses excès, ceux de la réaction : luttes infécondes des Guelfes et des Gibelins, qui feraient de notre pays une Florence nouvelle, et aboutiraient, pour chef-d'œuvre, à un prince de la façon de Machiavel !

L'esprit de résistance, qui n'a d'autre drapeau que celui de la répression, est aveugle. Il est aveugle, car ses tendances sont d'entraver le mouvement des masses, l'entraînement des âges, le progrès, la souveraineté de l'humanité. Les théoristes de la résistance (car ils résistent peu dans la pratique) n'ont pas encore compris que, lorsqu'une force nouvelle surgit, il faut l'étudier, l'approfondir, la régler, la contenir. On ne barre pas un torrent : mais on peut en modérer les élans et en paralyser les ravages : il lui faut un lit et non une digue. Derrière une digue, le torrent inonde et dévaste ; il dévaste mieux encore, quand la digue est rompue. Mais qu'on encaisse le torrent, qu'on lui creuse un parcours et, en utilisant ses forces, on arrêtera son action funeste.

La résistance a tué tous les gouvernements qui lui ont demandé le secret de la vie et le moyen de garder un pouvoir qui s'échappait. Demandez aux Jacobites ce que la stupide résistance des Stuarts a causé de malheur aux idées catholiques d'Angleterre : sans l'entêtement obstiné de cette race, l'Angleterre ne serait pas ce qu'elle est. Pour nous autres Français, l'histoire s'est plu à accumuler les leçons : les sottises de l'émigration et les résistances de la cour ont précipité Louis XVI et ont amené le 10 août, puis le 21 janvier. Le 10 août franchi, on sait ce qui arriva. Plus tard, la résistance a soufflé à l'empereur ses plus mauvaises inspirations : l'acte additionnel, cette raillerie des idées libérales, a plus fait peut-être que l'armée d'Alexandre qui ramenait dans ses fourgons une autre race de Stuarts. La résistance a engendré 1830, — n'a-t-elle pas fait 1848 ? Le prince de Polignac et M. Guizot n'avaient plus trouvé et conservé qu'un mot : — résister ! — Quand ce mot-là est dit maladroitement en France, il amène inévitablement une révolution. Le passé sera donc toujours la Cassandre antique ? En vérité, c'est à sourire de pitié quand on considère les géants de la résistance actuelle ; quand on les voit, eux les esprits forts de la compression, invoquer la vieille politique comme le remède de la situation. Tuer des hommes, c'est facile, quoique dangereux : décapiter des idées nous semble impossible.

Voilà pourtant l'un des côtés de la politique des soixante derniéres années ; car si les révolutions n'arrivaient pas assez vite, des hommes se sont rencontrés qui ont précipité le mouvement en ne voulant pas le comprendre ou en voulant le réprimer violemment. *Passions aveugles ou ennemies !* çà été le dernier cri de M. Guizot. Le prince de Polignac, qui n'était pas rhéteur, se contentait de dire au duc de Marmont : « Vous chargerez, maréchal ! » Le 29 juillet a répondu au grand seigneur, comme le 24 février a donné la réplique au grand historien, qui avait oublié l'histoire.

Le parti constitutionnel ne veut pas de cette résistance-là ; elle est trop féconde en malheurs. Il ne veut pas davantage du mot d'ordre révolutionnaire.

Les révolutions sont parfois indispensables, parfois glorieuses. Après avoir constaté ce fait, hâtons-nous d'ajouter que l'esprit révolutionnaire est un esprit détestable et avec lequel il n'y a pas de gouvernement possible.

Que les révolutions apparaissent, de loin en loin, dans la vie d'un peuple, comme de terribles extrémités ; qu'un pays tout entier ratifie ce cri de l'assemblée nationale, la grande : « L'insurrection est le plus saint des devoirs ; » qu'une nation se débarasse d'un gouvernement qui n'est plus un instrument actif et intelligent de civilisation : cela se conçoit.

Mais qu'un perpétuel esprit d'anarchie, de dédain pour les lois, de mépris pour le repos public ; que l'esprit révolutionnaire, en un mot, qui doit être un accident, soit la règle de tous les jours, le drapeau de tous les matins, le mot d'ordre de toutes les nuits ; que ce soit là la coutume, la permanence, la loi ; — voilà ce qui ne se conçoit plus. Le désordre doit être l'exception.

Cet esprit révolutionnaire, propre à détruire, inhabile à fonder, avec lequel rien ne se fait de grand et de durable ; cet esprit-là s'alimente à trois sources.

Il y a les utopistes, les rêveurs : braves gens, assurément, quoique dangereux par fois. L'esprit de système crée les chimères ; semant les illusions, il récolte les orages. Les utopistes ne s'en doutent pas ; ils suivent leur songe ; ils font école, ils ont de puissants disciples et de fervents adeptes : il est si beau de se passionner pour l'humanité et de rêver des améliorations fantastiques. C'est le château en Espagne des grands esprits. Les uns font le phalanstère ; les autres engendrent l'Icàrie, les autres encore mettent au monde la triade. Le bon abbé de Saint-Pierre rêvait bien la paix universelle, autre utopie ! Le bonheur de tous est l'hyperbole dont le genre humain suit l'asymptote. Qui donc a dit cela ?

Je ne sais ; mais on a dit vrai. Si c'est la déception de l'humanité, c'est sa gloire de tendre de jour en jour à la perfection.

Mais quand l'utopie parle, la souffrance écoute. Les utopies deviennent des oracles : la souffrance est crédule. Semblable, trop semblable au malade qui gémit sur un grabat, la souffrance s'imagine qu'en se retournant dans une révolution comme en un lit, elle améliorera son sort : on se laisse aller aisément à l'espérance. Ces premières troupes de l'esprit révolutionnaire sont les plus nombreuses ; elles sont les plus à plaindre et aussi les plus à pardonner. Oui, à pardonner, n'en déplaise aux faiseurs de la répression quand même. Frappez, disait Victor Hugo, frappez, mais que ce soit pour corriger et améliorer, et non pour punir.

Les châtiments doivent être réservés à ces vices qui se groupent autour des révolutions et que Vergniaud comparait à ces insectes invisibles qui naissent dans un orage. Il y a là un contingent assuré pour tous les coups de main, un élément indispensable de l'émeute : gens sombres, qui n'ont rien à perdre, tout à gagner ; *Scylla inops, undè præcipua audacia !* gens qu'on rencontre comme les écumes à toutes les surfaces agitées, et qui se cachent quand la société devient calme ; personnages sinistres qu'on retrouve à toutes les mauvaises pages de notre histoire, qui faisaient les massacres de septembre et qui aidaient à ceux des royalistes du midi ; partisans impies qui, ainsi que le disait Vergniaud, se couvrent du manteau de la démocratie, comme, au besoin, ils s'abriteraient sous l'habit court de M. Tartuffe.

Quand l'esprit de mouvement, base de tous progrès, devient l'esprit révolutionnaire, tout est compromis. Les précipitations ne valent rien. Rarement, disons mieux, jamais l'utopie ne se réalise ; la souffrance demeure ; seulement, quelques obscurités ont été tirées du néant et quelques individualités ont triomphé. L'histoire nous apprend ce qu'ont coûté aux vraies idées libérales les jours d'anarchie de 92 et de 93, depuis le 10 août jusqu'au 31 mai, depuis le 31 mai jusqu'au 9 thermidor : dates funèbres qui ont eu pour inévitable résultat de faire reculer le triomphe des véritables principes du progrès. L'histoire dira, si ce n'est déjà fait, ce qu'ont valu de répulsion à la révolution de 1848 l'invasion du 15 mai et les barricades de juin. La tache de la révolution romaine, c'est l'assassinat de Rossi : au point de vue politique, c'est plus qu'un crime, c'est une faute.

La vérité n'est pas plus dans la résistance qu'elle n'est dans la révolution. La vérité est dans le progrès ; et le progrès, c'est l'application froide, lente, mais raisonnée, par cela seule durable, des améliorations consacrées par l'expérience. L'impatience de la douleur ne changera rien aux lois de la création, de même que le statu quo des égoïstes n'arrêtera pas le mouvement.

Que veut le parti constitutionnel ?

Le progrès dans les limites du possible.

Quel est ce possible ?

V

Un publiciste qui s'est fait un nom fameux à plus d'un titre, a dit : *Il faut simplifier.* Il avait raison, et la simplification est une méthode dont les avantages depuis longtemps sont expérimentés.

Appliquant ce principe, nous dirons qu'il n'y a en France que deux partis possibles :

Les constitutionnels et ceux qui ne le sont pas, autrement dits les révolutionnaires.

Les constitutionnels sont ces hommes sincères, amis de leur pays, oublieux des haines passées, désireux d'une véritable conciliation, qui ont adopté la république pour qu'elle devînt le rendez-vous des honnêtes gens de tous les partis, — pour qu'elle fût, suivant une heureuse expression, ce terrain vierge et neutre sur lequel pouvaient se grouper et se réunir les efforts des bons citoyens. Les constitutionnels veulent le maintien et l'application de la constitution. Rien de plus net, de plus clair, de plus précis que cette position. Il y a toute une profession de foi dans ces quatre mots :

Respect de la constitution.

Nous verrons tout à l'heure la force de ce parti, après en avoir signalé la base, le point de départ.

Les anti-constitutionnels sont les révolutionnaires. Ce genre possède plusieurs espèces ; la famille est pleine de variétés : vouloir les compter, c'est presqu'impossible ; tentons-le pourtant.

Il y a l'école légitimiste, très-divisée elle-même. Dans ce camp-là, on ne veut pas de la constitution, parce que la constitution proclame la République démocratique : ce sont les révolutionnaires pour cause de royauté, mais de royauté légitime. Le schisme est dans cette école : les uns voudraient immédiatement un coup de main ; d'autres attendraient les Cosaques ; ceux-ci comptent sur la révision de la constitution ; ceux-là rêvent l'appel au peuple. Sans compter que Louis XVII menace de rivaliser avec Henri V. — Tirez-vous de là !

Il y a l'école orléaniste, qui a eu pendant dix-huit ans le pouvoir ; qui l'avait le 23 février 1848, qui n'a pas su le conserver ; disons mieux, qui n'a rien fait pour le conserver. Ce parti est lui-même travaillé par des divisions intestines. Il en est qui croient encore à l'immense supériorité du roi des barricades. D'autres préfèrent la régence ; mais laquelle ? celle de la princesse Hélène ? celle du duc de Nemours ? Le comte de Paris a ses partisans ; le prince de Joinville de même. On songe au duc d'Aumale. Parlerons-nous de ces hauts politiques, de ces hommes d'état improvisés, dont le mérite consiste à rêver l'alliance des deux branches et l'adoption du comte de Paris par le comte de Chambord, avec assurance de non postérité masculine ?

Il y a encore le parti impérialiste, qui n'est pas bien redoutable, parce que son chef vient de donner des garanties sérieuses au pays par la formation de son ministère.

Reste le parti qui s'intitule socialiste, déshonorant un mot qui représente une idée vraie, par l'abus qu'en font les hommes inintelligents. Les gens de ce parti sont véritablement les révolutionnaires. Ils sont actuellement d'accord sur un but de destruction ; mais, au fond, dans l'application, ils sont plus divisés encore que les autres partis.

Dans l'école démagogique, à proprement parler, il y a les divisions qui séparaient Barbès de Blanqui : duel sérieux et sombre, que le procès de Bourges a éclairé en quelques points, et qui existe encore avec la même énergie. Mettez ces hommes au pouvoir, et dites-nous s'ils sauront imposer silence à d'implacables rancunes, qu'un malheur commun et la dignité d'une cause commune n'ont pas suffi pour apaiser.

Dans l'école socialiste, il y a les mêmes séparations. Cabet a son système, Proudhon a le sien ; de même pour Considérant et pour Pierre Leroux, sans compter Louis Blanc et d'autres qui surgiraient. Il faut bien le dire, la victoire ne réunirait pas ces doctrines diverses. Lisez plutôt, pour vous en convaincre, le journal le *Peuple* et celui de la *Vraie République* : Thoré et Proudhon en sont déjà aux gros mots, et s'envoient réciproquement à Charenton. Ils en viendraient aux coups, et s'enverraient fraternellement à la guillotine; pour le moins, ils se fructidoriseraient.

Quel pêle-mêle! quel avenir!

Tant de partis viennent se briser contre l'unité du parti constitutionnel. Il n'a pas deux doctrines, lui! il n'en a qu'une: la constitution. L'unité est une heureuse arme contre tant d'alliances coalisées, contre tant de coalitions hétérogènes.

Ce coup-d'œil général peut se compléter par quelques aperçus de détail.

L'assemblée législative a marqué, dès son début, le véritable esprit qui l'anime, esprit qui ne répond guère aux déclamations des journaux du parti légitimiste. Elle avait un président à chercher: qui prend-elle? M. Dupin aîné. M. Dupin est assez connu pour que nous n'entreprenions pas sa biographie. M. Dupin, avocat, s'écriait un jour que le jésuitisme était un glaive dont la poignée était à Rome et la pointe partout. M. Dupin, procureur-général, a toujours tenu d'une main ferme et puissante l'application des lois. Mais, dites-vous, est-il constitutionnel? Cela n'est pas douteux; il a été membre du comité de constitution; il a été l'un des rapporteurs; il a soutenu l'unité dans le parlement et s'est vivement prononcé contre les bi-caméristes. L'assemblée qui l'a nommé ne pouvait ignorer ces choses, ou le croire aisément parjure. C'est un outrage que nous ne ferons ni à l'élu, ni aux électeurs. Dieu merci! nous n'acceptons pas de semblables polémiques, et il nous plaît de saluer des convictions dans les opinions opposées, parce que nous sommes les premiers à réclamer la présomption de bonne foi.

Nous plaignons ces rédactions qui s'empressent d'attacher le mot d'hypocrisie à de loyales déclarations. Eh vraiment! que diraient-ils, ces journaux, si nous disions: Nous connaissons le mobile caché de vos déclamations et de vos calomnies; sous le masque, nous connaissons vos figures. — Vous, vous désirez la légitimité pour refaire vos fortunes ébranlées! Vous, vous souhaitez la révolution pour pêcher en eau trouble: *Præmia perfidiæ immensa pecunia!* Vous, enfin! vous n'avez associé que vos regrets de n'être plus rien, vos dépits, vos ambitions déçues et vos dignités perdues! Ainsi conçue, une discussion devient une querelle ignoble et dégoûtante; elle ne nous va pas: nous déplorons ceux qui font métier d'en vivre et pour lesquels c'est un gagne-pain.

A côté de l'assemblée qui avait une chose à faire et qui prenait pour directeur de ses débats le député de la Nièvre, il y avait le président du 10 décembre qui avait à composer un ministère.

Dans l'ancien ministère, trois hommes surtout représentaient l'élément libéral : O. Barrot, Passy et Lacrosse. Bien des fois l'*Etoile du Peuple* a déploré la présence de ces hommes à côté de M. de Falloux. Eh bien! le président les conserve et leur adjoint Dufaure, le ministre du général Cavaignac, l'éloquent rapporteur de la constitution, la plus grande probité politique de l'époque; — Lanjuinais, qui répondait au comité de l'*Hermine : J'ai loyalement voté la constitution et je la défendrai loyalement;* — enfin de Tocqueville, qui a étudié la démocratie en Amérique et qui n'a pas, sous la monarchie, cessé de siéger sur les bancs de l'opposition constitutionnelle.

Le ministère est donc constitutionnel, et nous croyons à son désir de maintenir ce pacte fondamental contre toutes les audaces, contre toutes les intrigues.

Aussi, voyez et admirez les colères des révolutionnaires de toutes les couleurs! Ils sentent si bien qu'ils trouveront dans la réunion de ces hommes une digue à leur passions diverses, que leur premier mouvement a été d'injurier la composition ministérielle. L'*Hermine* donne la main au *National de l'Ouest ;* le *Courrier de la Gironde* dépasse en fureur la *Vraie République.* Dufaure, d'un geste d'indignation, abat les ignobles calomnies de la Montagne.

C'est d'un bon augure et nous nous félicitons de ces hostilités. Le ministère est assez fort pour les subir.

Quant aux amis de la constitution, leur concours doit être acquis à la combinaison Dufaure-Lanjuinais, car cette combinaison réalise leurs espérances et leur promet qu'on entrera, à grands pas, mais sous l'égide puissante des lois, dans la voie des réformes possibles.

Quant aux minorités révolutionnaires, il faut les laisser crier et injurier. Elles sont ici-bas pour cela.

Pour nous, sans haine pour le passé, sans enthousiasme pour l'avenir; sans ressentiment contre les partis déchus qui nous ont toujours trouvé impartial et indifférent; sans passion pour une forme gouvernementale qui ne réaliserait pas le progrès; comprenant toutes les convictions sans partager les intrigues; jaloux de la grandeur morale et matérielle du pays, — nous ne cesserons de convier autour de la constitution, prêts à être ses défenseurs légaux, tous les dévouements, toutes les honnêtetés, toutes les modérations.

Nous prononçons à dessein ces derniers mots parce que nous avons la coutume de dire toute notre pensée. Il faut, en vérité, un temps d'aveuglement et d'étranges passions pour que l'épithète d'honnête devienne un texte à calomnies, et pour que l'épithête de modéré serve de point de départ à d'odieux commentaires. On s'en console, en songeant qu'il fut une autre époque où les *avancés* de l'opinion publique, ceux qui se qualifiaient de démocrates purs, ceux-là se moquaient aussi des citoyens *vertueux*. C'était le temps des Chaumette et des Hébert, les injuriateurs de l'époque.

VIe

Nous disions, le 12 juin, que la République avait deux partis ennemis, — qui, tous deux, étaient révolutionnaires au même titre, différents de moyen et de but, mais unis dans une haine commune contre la Constitution.

Nous ajoutions que le devoir des citoyens était de se réunir autour du nouveau pacte social, pour résister aux violences et aux ruses.

Les événements se chargèrent bien vite de justifier nos prévisions.

Le 13 juin, le parti démagogique, spéculant sur un quiproquo et ayant l'air de défendre la Constitution pour la mieux renverser, descendait dans la rue. Son expédition est morte sous le ridicule, et a été étouffée sous un immense éclat de rire.

Un danger suivait cette victoire du bon sens sur les éternels ennemis du progrès par l'ordre : ce danger, c'était l'exploitation de l'événement par les passions monarchiques.

Aussi, dans les jours qui suivirent la journée du 13 juin et la sanglante émeute de Lyon, un incorrigible parti réclamait l'appel au peuple. L'appel aux armes venait d'échouer, on demandait l'appel au peuple : c'était changer d'insurrection, sans changer de but. Ruiner la Constitution! tel était le commun désir : ceux-ci par la force, ceux-là par la ruse. Les journaux légitimistes se montraient de nouveau, s'inquiétant fort des hommes de la droite qui venaient de crier : *Vive la République!* de même qu'il y avait plus d'un an avait fait la Constituante.

Cette double pensée était dans les esprits ; un mot de M. Dufaure l'a résumée : *Ni terreur rouge, ni terreur blanche.*

Ce mot de M. Dufaure n'est que la formule abrégée du programme émané du parti constitutionnel, qui, sous l'empire des faits, se constituait quelques jours plus tard, développant dans un clair langage les principes des amis sincères de la Constitution.

Comment n'aurions-nous pas adhéré à ce manifeste? Qu'on le lise et on se convaincra qu'il renferme la réponse à toutes les questions politiques que le 24 février a fait surgir :

MANIFESTE DU COMITÉ CONSTITUTIONNEL DE PARIS.

Le *Cercle Constitutionnel* formé sous la présidence de M. Dufaure, et qui, depuis l'accession au ministère de cet honorable représentant, n'a point cessé d'exister, croit utile et opportun en ce moment d'exposer les motifs pour lesquels il s'est établi.

Le *Cercle Constitutionnel* s'est formé parce que les membres qui le composent ont la même foi politique, parce qu'ils jugent de même les périls dont la société est menacée, et parce qu'ils sont du même avis sur les remèdes qu'il faut appliquer au mal.

Le premier sentiment sous l'empire duquel ils se sont rassemblés, c'est la ferme et commune volonté de maintenir la constitution. La plupart d'entre eux n'ont ni créé, ni appelé de leurs vœux la république. Tous l'ont acceptée franchement, et sans arrière-pensée veulent la conserver. Ils ne se bornent pas à lui donner leur adhésion, ils entendent lui prêter leur concours. A leurs yeux, il ne suffit pas de ne lui point être hostile, il importe encore de l'aider et de la servir. On soutient mal un gouvernement qu'on ne fait que tolérer, et l'on est bien prêt de l'abandonner quand on le déclare impossible, et lorsqu'on garde pour un autre ses désirs et ses espérances. Leurs espérances et leurs désirs sont pour la République et pour son affermissement. Ils ne s'abusent point sur les imperfections que peut présenter la constitution. Mais, telle qu'elle est, loyalement exécutée, elle leur paraît offrir toutes les conditions essentielles d'un bon gouvernement; et contrairement à des vœux impatiens de révision immédiate, ils n'admettent pas que la constitution puisse être modifiée, si ce n'est selon les formes et suivant les délais que la constitution a elle-même prescrits. Tout changement irrégulier rouvrirait, pour tous les partis, la voie des révolutions.

Mais en même temps qu'ils veulent sincèrement et fermement le maintien de la Constitution, les membres du Cercle n'admettent pas que, sous prétexte de sa violation par les grands pouvoirs de l'État, le pays puisse être précipité, comme il vient de l'être, dans les périls et les horreurs de la guerre civile. Ils réprouvent hautement ces criminelles et folles entreprises ; tous applaudissent au triomphe de l'ordre ; ils ne refuseront au pouvoir rien de ce qui lui est nécessaire pour défendre la société ; ils ne s'arrêteront qu'au point où la résistance deviendrait de la réaction ; alors, en contenant le pouvoir, ils croiraient encore l'aider.

Adversaires bien connus de toute anarchie, défenseurs constants des grands principes sur lesquels la société repose, les membres de la Réunion n'ont pas besoin de protester contre cette imputation qui leur a été adressée de diviser le parti de l'ordre. En se rassemblant comme ils le font autour de la constitution, ils ne divisent pas le parti de l'ordre, ils le fortifient ; ils le fortifient en lui assurant le concours de tous ceux qui ne se sentent à l'aise pour défendre l'ordre que sous le drapeau de la république.

Ils n'admettent pas que personne, dans l'assemblée nationale ou dans le pays, soit plus ennemi qu'ils ne le sont des fausses et funestes doctrines qui menacent la société, et soit animé d'une volonté plus énergique que celle qu'ils ont de lutter à outrance contre ces dangereuses chimères.

Sans doute, ils le reconnaissent, l'utopie socialiste est un adversaire commun contre lequel doivent se coaliser les hommes de toutes les nuances politiques ; et les membres du *Cercle constitutionnel* sont prêts, pour les combattre, à s'unir en toutes circonstances, dans un vote commun, avec tous les partis amis de l'ordre. Ce n'est pas, en effet, telle ou telle forme de gouvernement que cette utopie attaque ; c'est la société elle-même, c'est toute société. Mais, en même temps qu'ils sont convaincus de cette vérité, les membres du *Cercle constitutionnel* ont une autre conviction. Ils croient que la première condition de succès pour la cause de l'ordre, c'est que la lutte se soutienne toujours et ouvertement au nom et pour le salut de la république. Il faut, dit-on, sauver d'abord la société et le bon ordre ; on verra ensuite pour la république et pour la constitution. Question mal posée. La première condition d'ordre, c'est le maintien de la constitution ; la première condition de force, c'est la puissance de la république. La force empruntée à la république et à la constitution est seule capable de sauver la société.

Tout en reconnaissant, d'ailleurs, l'utile concours que peuvent prêter à la cause de l'ordre les partis politiques les plus divers, les membres du *Cercle constitutionnel* considèrent comme l'élément le plus précieux de leur réunion la parfaite conformité de leurs sentiments et de de leurs principes. Sans doute, toutes les fois qu'on poursuit un but commun, on peut délibérer ensemble utilement et honorablement, alors même qu'on vise à ce but par des moyens différents. Mais on se trouve dans des conditions encore bien meilleures de délibération commune, lorque tendant tous au même but, on emploie pour l'atteindre des moyens pareils.

Beaucoup d'adversaires de la propagande socialiste croient sincèrement que le seul procédé pour la dompter, c'est de la vaincre par la force.

Les membres du *Cercle constitutionnel* sont bien d'avis qu'aucune violence ne demeure sans répression, et aucune mauvaise propagande sans une propagande opposée ; mais ils pensent en même temps qu'il existe encore un autre et un meilleur moyen d'en triompher.

Ce moyen, c'est de s'appliquer sérieusement et constamment à guérir les plaies sociales. Le socialisme est une utopie ; mais les misères sociales ne sont pas des chimères. Le plus grand crime peut-être du socialisme est de signaler pour des maux trop réels des remèdes impossibles, et, par son impuissance, de faire juger incurables des maux que la société a le devoir de soulager sinon de guérir. La meilleure sentence à porter contre lui, c'est d'opposer des réalités bienfaisantes à ses folles utopies, et de prouver que pour toutes ces cruelles souffrances qu'il ne sait qu'envenimer, il existe non seulement des sympathies vraies et profondes, mais encore des adoucissements certains ou des remèdes efficaces.

Les membres de la réunion répudient comme fausses et odieuses ces théories impitoyables qui tendraient à faire croire qu'il y a dans toute société une somme déterminée de douleurs et de larmes, qu'il n'est au pouvoir ni des individus ni des gouvernemens de détruire ou de diminuer. Ce sont des doctrines impies aussi injurieuses à Dieu qu'à l'humanité. Non, il n'est pas une seule de ces plaies sociales dont l'adoucissement ou le remède ne soit possible. S'il n'était pas possible, nous n'éprouverions pas au fond de notre cœur le sentiment profond qui nous y fait compatir.

Rechercher sincèrement ce remède, étudier les institutions pratiques qui peuvent le réaliser, reconnaître la part qui, dans cette œuvre, appartient au gouvernement et celle qui doit être laissée aux efforts individuels, prendre au besoin l'initiative parlementaire de ces réformes, telle est la tâche que doit surtout s'imposer dans la nouvelle assemblée le vrai parti de l'ordre. Mais une pareille entreprise ne peut être tentée que par une association d'hommes y ayant foi : les membres du *Cercle constitutionnel* ont tous cette croyance. Et c'est pour eux tous d'abord un sujet de satisfaction de trouver la même conviction dans le message du président de la république, qui signale, non, pas tous, mais une partie des remèdes à appliquer au mal. Ils ne connaissent point d'œuvre qui soit plus digne du zèle et du dévoûment de tous les bons citoyens; et, en ce qui les concerne, ils sont résolus d'apporter à son accomplissement tout ce qu'ils ont de facultés, de persévérance et d'énergie. C'est désormais le seul moyen, en réalisant tout ce qui est sage et juste pour l'amélioration du sort du plus grand nombre, de prévenir la plus triste des révolutions, celle qui détruirait sans fonder, aggraverait tous les maux qu'elle promet de guérir, et sous prétexte d'instituer l'égalité du bien-être, n'établirait partout que le niveau de la misère.

Profondément convaincus que, dans des temps comme les nôtres, la faiblesse du pouvoir est un grand mal, et sa force une nécessité, les membres du Cercle constitutionnel n'ont point constitué une réunion d'opposition. Ils ont dès l'origine déclaré hautement, et ils déclarent de nouveau leur ferme volonté de prêter au président de la République et à son ministère un appui aussi loyal qu'indépendant.

Ce concours sincère de leur part est assuré au gouvernement, et précisément par ce qu'ils n'hésiteraient pas à l'avertir franchement par leurs conseils, au besoin même par leurs votes, de ses erreurs ou de ses écarts, ils lui conféreront une plus grande force par leur consciencieuse adhésion.

Les positions n'ont pas été changées : il y a toujours deux sortes de révolutionnaires; les uns sont dans le parti des violences, les autres dans celui des ruses.

La violence indique la démagogie : c'est là son langage habituel. Qu'est donc la démagogie?

La démagogie est la coalition des plus mauvaises passions ; elle recrute ses soldats dans tous les bas fonds de la société. La démagogie est l'ivresse de la liberté et la caricature de la démocratie, de même que les ateliers nationaux, création de nos proconsuls, étaient la caricature du travail. Laissons parler un grand citoyen, que les passions démagogiques de Mâcon ont exclu de l'assemblée législative :

« Les démagogues, dit-il, ce sont tous ceux qui sous tous les régimes monarchiques, constitutionnels, ou républicains, ne peuvent supporter le joug d'aucunes lois, même des lois qu'ils se sont fait eux-mêmes. Ce sont tous les convulsionnaires de clubs, tous les vociférateurs de place publique, tous les recruteurs d'attroupements, tous les remueurs de séditions, tous les moteurs de troubles, tous les inventeurs de factions. Ce sont ceux qui se réunissent toutes les nuits pour comploter quelque nouveau cri de nature à troubler la paix publique, à effrayer les bons citoyens, à faire disparaître et enfouir l'argent, à paralyser le crédit, à arrêter le travail, à créer la faim, la soif et le désespoir parmi les ouvriers. Ce sont ceux qui, après avoir crié le lendemain de la révolution : *Vive la république !* ont crié le lendemain : *Vive le drapeau rouge !* Ce sont ceux qui, huit jours après que la république a été assise avec l'assemblée constituante, ont crié : *Vive la Palogne, à bas l'assemblée nationale !* Ce sont ceux qui, un mois après, ont crié : *Vive l'empereur !* Ce sont ceux qui, après avoir crié Vive l'empereur, ont crié : *Vive la république démocratique et sociale*, avec accompagnement de coups de fusil et d'assassinats ! Ce sont ceux qui, après avoir crié : *Vive la république sociale*, ont crié : *A bas les blancs ! Vive la guillotine ! Vive la guerre ! Vive le meurtre ! Vive l'échafaud !* Ce sont ceux qui crieront demain : *Vive le dictateur* et après demain : *Vive le bourreau!*

La peinture est-elle outrée ?

Non ; — car nous nous rappelons la démagogie perdant Athènes, perdant Rome, prête à perdre l'Amérique : — Athènes, malgré son exquise civilisation ; Rome, malgré sa force ; l'Amérique, malgré ses victoires et malgré Washington !

« Mon ami, écrivait alors Washington, l'ami de Lafayette, à un de ses compagnons d'armes : je verse des larmes de sang sur l'avenir de mon pays, si la sagesse du peuple américain ne parvient pas à le soustraire à de tels hommes. Les démagogues sont plus difficiles à vaincre pour nous que les Anglais. Ils compromettent tout ce que nous avons fait. Ils établissent un gouvernement d'agitation permanente et de sociétés démagogiques en face du Congrès national. *Imperium in imperio*. Et quel empire ? L'empire des plus audacieux, des plus impudents, et des plus pervers. Si l'Amérique permet cette anarchie, si le Congrès ne réfrène pas les clubs, c'en est fait de la République ! »

La prédiction de Washington ne s'est pas accomplie.

Pourquoi ?

Parce que l'anarchie du nouveau monde a été contrainte de courber la tête sous le joug des lois. Les Catilina de toutes les époques sont ennemis du repos public.

En France, la démagogie a produit les horreurs de 93. Et, depuis le 24 février 1848, que n'a-t-elle pas tenté ? C'est elle qui a fait le 19 mars, le 16 avril, le 24 juin 1848 et le 13 juin 1849. Dieu sait ce que serait la France, si une seule de ces dates avait été une victoire... Mais Dieu protége la France.

La démagogie française du XIXe siècle doit échouer, malgré les complices involontaires que lui font les souffrances du peuple. Elle doit échouer, non-seulement parce qu'elle ne peut pas avoir le remède de la situation, mais encore parce qu'elle ne possède ni un homme, ni une idée.

On a, en certains estaminets, rêvé de la Montagne et d'une Convention ressuscitées. Ces innocents parodistes d'une époque sombre, mais grande, oubliaient une seule chose : l'histoire qu'ils voulaient recommencer.

Ils oubliaient, les insensés ! non-seulement qu'une nation comme la France ne passe pas deux fois sous les fourches caudines de la terreur ; mais qu'indépendamment des circonstances extérieures qui manquent, les hommes manquent bien davantage.

La Montagne de 93, après l'exécution fatale du 31 mai, comptait vingt intelligences d'élite, sans doute égarées, mais dévouées à leur œuvre, préparées par l'étude, nourries dans les luttes parlementaires, habituées au feu de la tribune, capables de tous les sacrifices, dignes d'honorer le crime politique, si jamais le crime même politique pouvait être honoré : telle était la Montagne. Les finances avaient Cambon ; la guerre possédait Carnot ; Robespierre était tout puissant par sa parole. Le 9 thermidor, mis en regard du 13 juin, nous apprend que Saint-Just savait mourir, dédaignait de recourir à une émeute et surtout ne fuyait pas par les fenêtres. Cherchez ! cherchez bien sur le banc de la crête nouvelle ! cherchez parmi ceux qui ont été adoptés par le suffrage universel ! A chaque demande de poursuite introduite par les procureurs généraux, la France, à bon droit, s'étonne de l'obscurité de ses représentants. Que voulez-vous ? les rouges de Mâcon ont chassé Lamartine !

De ces démagogues, le Cercle Constitutionnel a un profond mépris : comment son manifeste n'aurait-il pas nos sympathies ?

Malheureusement, tous les révolutionnaires ne sont pas à Paris, ne sont pas à Lyon.

Il s'en cache encore dans les provinces sous un autre drapeau : il reste le parti des ruses.

Il demande, ce parti, l'appel au peuple. Parlons clair : cela veut dire la monarchie et la monarchie du jeune comte de Chambord.

Le Cercle Constitutionnel ne veut pas davantage de cette espèce de révolutionnaires ; il n'en veut pas plus que nous n'en voulons. L'anarchie blanche ne nous convient pas mieux que l'anarchie rouge : toutes les deux sont dangereuses.

L'appel aux armes cachait une violence ; l'appel au peuple cache un piége. L'un voulait dire *Convention* ! l'autre signifie : *Vive Henri V !*

Or, *ni terreur rouge*, a dit Dufaure, *ni terreur blanche !*

Le manifeste du Cercle Constitutionnel répond explicitement à ce second danger, moins prochain , moins menaçant ; mais tout aussi embarrassant pour la marche des affaires et la consolidation républicaine.

Quand il s'agit d'inaugurer des dictatures révolutionnaires , les meneurs du parti démagogique crient et font crier : Vive la Constitution ! vive la République !

Quand les monarchistes de l'assemblée tremblent sur leurs bancs et ont besoin de trouver un appui, ils crient : Vive la Constitution ! vive la République !

Sans perfidie, mais sans peur, uniquement occupés de réaliser le bien du pays, également éloignés des violences démagogiques et des intrigues légitimistes , que les constitutionnels prennent aussi pour point de ralliement la Constitution et la République.

Leur cri, du moins, sera sincère.

www.ingramcontent.com/pod-product-compliance
Ingram Content Group UK Ltd.
Pitfield, Milton Keynes, MK11 3LW, UK
UKHW012130240726
13965UKWH00005B/2089

9 782012 982918